跟着皇帝遊故宮

我要天天上朝嗎？

制度篇

段張取藝 著 / 繪

新雅文化事業有限公司
www.sunya.com.hk

跟着皇帝遊故宮

我要天天上朝嗎？（制度篇）

作　　者：段張取藝
繪　　圖：段張取藝
責任編輯：楊明慧
美術設計：劉麗萍
出　　版：新雅文化事業有限公司
　　　　　香港英皇道 499 號北角工業大廈 18 樓
　　　　　電話：（852）2138 7998
　　　　　傳真：（852）2597 4003
　　　　　網址：http://www.sunya.com.hk
　　　　　電郵：marketing@sunya.com.hk
發　　行：香港聯合書刊物流有限公司
　　　　　香港荃灣德士古道 220-248 號荃灣工業中心 16 樓
　　　　　電話：（852）2150 2100
　　　　　傳真：（852）2407 3062
　　　　　電郵：info@suplogistics.com.hk
印　　刷：中華商務彩色印刷有限公司
　　　　　香港新界大埔汀麗路 36 號
版　　次：二〇二一年五月初版

ISBN: 978-962-08-7762-9
© 2021 Sun Ya Publications (HK) Ltd.
18/F, North Point Industrial Building, 499 King's Road, Hong Kong
Published in Hong Kong, China
Printed in China

小朋友，我是**清代的乾隆皇帝**。紫禁城（又稱故宮）是我的家，讓我帶你認識我的工作和相關的制度吧！

目錄

我在家上班

我的家在紫禁城，我上班也在紫禁城。

我雖然在家上班，但是每天很早就起來了。皇帝是不可以有賴牀記錄的哦！

早睡早起是清朝的皇室家訓，清朝皇帝都養成了良好的作息習慣。乾隆每天凌晨四時左右起牀，晚年的時候甚至提前到三時。

我每天起來，都會先去給媽媽請安。

皇帝的日常行為會有專門的官員時時記錄。這些記錄會被整理成冊，成為編纂史書的材料。

4

請安

晚輩向長輩問好的禮儀。一般早晚
各一次，叫做「晨昏定省」。

清朝以「孝」治國。乾隆是有名的孝
順皇帝，他起牀後的第一件事就是去
壽康宮向太后請安。這個習慣乾隆堅
持了整整42年，直到太后去世。

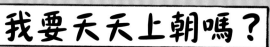

我要天天上朝嗎?

大家肯定以為我就像電視劇裏演的一樣,每天都要去金碧輝煌的宮殿上朝,召見文武大臣。實際上這種情況很少,我只有重要的日子才會上朝。

清朝時期,**上朝**主要是指禮儀性質的上朝。北京的官員在太和殿朝見皇帝的機會一般一年只有幾次,比如皇帝登基、重大節日朝拜等。有時候,還需要在中和殿彩排一遍,防止出錯。

升殿儀式

舉行升殿儀式是太和殿最威嚴的時刻。皇帝登上太和殿的寶座後,禮儀官會帶領大臣們向皇帝行禮。行禮時,殿內外的香爐將燃起香料,殿下會演奏禮樂。

各位愛卿辛苦了！

行禮結束後，皇帝會下詔進行賞賜。

金鑾寶座

金鑾寶座是皇權的象徵，只有皇帝可以坐。因椅圈上雕有 13 條金龍，又叫「龍椅」。不過龍椅不是純金的，而是用紫檀木和金絲楠木做的。

交頭接耳……

朝會中大臣不能大聲說話、咳嗽，也不能上廁所。如果有不合規矩的行為，會被言官隨時記錄下來。

憋住呀！

每天都要批奏摺

整個國家大大小小的事情，大臣們都會寫奏摺向我匯報。這些奏摺全部要我親自處理，所以我每天要批閱很多很多的奏摺。

終於快批完了！

奏摺最早也叫密奏。康熙時期，曹雪芹的祖父曹寅等官員向康熙皇帝秘密上奏，可謂最早的奏摺。為了保密，皇帝還會給重要官員配奏摺箱，只有皇帝和對應的官員才有鑰匙打開。

乾隆皇帝每天需要批閱大量奏摺，有時候還要晚上加班才能批完。

皇上，這是刑部尚書剛遞上來的摺子。

給皇帝的工作報告除奏摺外，還有一種形式叫做**題本**。題本的保密性沒有奏摺高，主要用於存檔備案。

皇帝不僅要查看各地的奏事摺，還需要回覆官員們遞上來的請安摺。

奏事摺

向皇帝報告內政、軍事、外交等各種事情的奏摺。

請安摺

向皇帝問好、聊家常的奏摺。皇帝會在和臣子聊家常的過程中掌握大家的動向。

明清皇帝用紅色的顏料批改奏摺，
提出解決辦法，故稱為朱批。

奏摺「快遞」

清朝時，每隔一定的距離就會設置一個驛站，專門負責運送文件，就像現在的「特快專遞」服務。
根據事情的緊急程度，奏摺可以分為 300 里、400 里、600 里和 800 里等不同速度等級。

300里

日行300里，一般速度的快遞，運送普通的奏摺。

400里加急

日行400里，速度比較快的快遞，運送一些比較重要的奏摺。

600里加急

日行600里，特快快遞，運送緊急奏摺，比如涉及軍機大事的奏摺。

800里加急

日行800里，是最快的快遞，除特大問題一般不得擅自使用。一旦遇上，快遞員必須日夜兼程。歷史上其實很少使用800里加急。

經常御門聽政

每隔一段時間，我會針對奏摺上遺留下來的各種問題舉行御門聽政。

御門聽政是政務性質的上朝，指皇帝在門廳辦公，和大臣們商量國家大事。因為在早上舉行，所以也叫早朝。

記得把摺子帶上！

舉行御門聽政之前，皇帝會派人通知各部門，各部門會提前準備好需要上奏的摺子。

參加御門聽政的大臣凌晨二、三時就需要趕往紫禁城，到午門外等候宣旨進宮。

要稟告皇上的事情可得記好！

向皇帝匯報工作時必須脫稿，不可看着奏摺讀，所以在等候期間，大臣還需要背誦自己奏摺上的內容。

起居注官會在旁邊站定，隨時記錄皇帝說的話。

冬季寒冷時，乾清門前會擺上兩個火盆用來取暖。

皇帝聽政時，官員們會按照順序排隊站好。

御門聽政之所以在門口舉行，是為了讓皇帝接觸下層官員，同時也體現了皇帝聽取民意。

我的優秀員工們

國家那麼大，只靠我一個人肯定管不過來。所以，我聘請了很多員工來協助我，他們都是我親自面試，千挑萬選出來的優秀人才。

我把這些員工分成了兩部分，一部分留在北京，一部分派到全國各地。

京官

在北京上班的官員。京官比較熟悉國家發布的各種政策，有時，他們也會被下放到地方鍛煉。

地方官

在北京以外的地方上班的官員。地方官更加了解各個地方的民情。為了把官員用在合適的崗位上，京官和地方官經常交換任職。

為了讓每一個員工都找到適合自己的工作，我會定期接見他們，根據他們的簡歷調整工作崗位。

清朝中下層官員在任職前需要被引見到皇帝面前，皇帝會借此考核員工，並監督各部門安排的崗位是否合適。有時，皇帝需要一次性考核幾十甚至上百個人。

綠頭牌

上半段為綠色的牌子，上面有引見人的姓名。綠頭牌由引見官交給皇帝，引見官會向皇帝介紹該官員。

伶俐！

在考核時，皇帝會一邊查看履歷檔案，一邊向官員提問，並進行評價和扣分。

「伶俐」是乾隆皇帝對官員的一個好評價。著名大臣劉墉得到的評語就是「伶俐」，後來他官至正一品，是最高等級的官員。

我是「高考」主考官

　　為了發掘更多優秀人才,我特別重視科舉考試。考生們通過層層考試來到紫禁城參加最後的殿試,我會親自監考並評級。

科舉考試是古代選拔人才的一種方式,包括文科舉和武科舉。科舉考試相當於現在的高考,不過它比高考更難,每年通過殿試並獲錄取的人數只有幾十到幾百人。

文科舉

選拔文職官員的考試,一般考寫詩、公文寫作和政治點評。

文科殿試在太和殿或保和殿舉行,由皇帝親自主持。

每場考試都需要考一天,考生進考場時可以攜帶裝有筆墨和食物的小籃子。

考生有專門的答題紙和草稿紙。為了防止考官根據字跡認人作弊,會有專人在收卷後統一抄寫一份,再送去評閱。

武科舉

選拔侍衛的考試，考射箭、拉弓、掇石、舞刀和武經默寫等。

武科殿試在紫光閣和御劍庭舉行，皇帝會親自評核大家的水平。

馬射

兩次騎馬射箭，一共射6箭，中3箭為合格。

步射

在距離靶子50步的位置射箭，連射6箭，中兩箭才算過關。

舞刀

必須在胸部的高度舞出刀花。

掇石

必須把巨石抬離地面一尺，可舉上膝或者胸部。掇，粵音絕。

拉弓

必須3次都拉滿。

金榜題名

殿試之後，錄取名單會被寫在一張金黃色的榜上，因此叫做「金榜題名」。前三名分別為「狀元」、「榜眼」和「探花」，榜上有名的進士就可以做官。所以，金榜題名是當時追求功名的人的最高目標。

文狀元　　　　　　　　　　　武狀元

檢閱軍隊很重要

　　我還有一項工作，就是檢閱將軍培養士兵的成果。我們的閱兵形式和現代一樣，由各種各樣的精銳部隊展示各項才能。

清朝以騎射開國，武功定天下，所以特別重視國家的軍事力量。乾隆皇帝將閱兵定為每三年舉行一次。

閱兵時，乾隆皇帝會換上盔甲，先騎馬在部隊中巡視一圈，再回到最高處看各隊操練。

火器營
使用槍、炮等武器的軍隊。

健銳營
負責操練雲梯，為攻城做準備。

善捕營
負責皇帝和皇子等人的摔跤、射箭和馬術等技能的培訓。

驍騎營
主要是騎兵。

一年祭祀十幾次

作為皇帝，我經常需要主持祭祀活動，
這是每個皇帝必須完成的工作。

祭天

最重要的祭祀活動，必須由皇帝親自
執行。皇帝對天地都非常崇敬，所以
要舉行祭天活動。

祭天儀式前三天，皇帝開
始沐浴焚香，並且不能吃
肉食和蔥薑蒜等氣味重的
食物。

祭天前一天，皇帝
在規格最高的儀仗
隊擁護下，從紫禁
城出發去天壇。

18

天壇

皇帝用來祭天和祈求穀雨的地方。祭天儀式在天壇的一座叫圜丘（圜，粵音圓）的三層圓形石壇上舉行。

祭天當日，皇帝到達圜丘，在禮儀官的指導下，分別把香、絲織品、甜酒等依次獻給上天和祖先。

祭天過程中，會有一支73人的大型樂隊用編鐘和古琴等樂器奏樂。

祭祀是每個皇帝必須執行的工作。常見的祭祀有祭天、地、日、月、祖先等。有時也會舉行祈穀典禮，祈求莊稼豐收；乾旱時還會舉行祈雨大典，祈求降雨。

祭天是一份十分辛苦的工作，據說一套完整的祭祀大典，皇帝要磕66次頭。

我要接見外國人

紫禁城中設有專門的外交部門，
但有時我也需要接見外國人。

理藩院可以說是清朝的
外交部，專門處理國內少
數民族和邊疆事務，以及
跟外國友好建交等事宜。
乾隆時期國力強大，與44
個國家建立了外交關係，
外國使者紛紛帶着禮物來
朝見皇帝。

感謝皇帝
的邀請！

一路上
辛苦了！

我還聘請了專門的外國員工。郎世寧就是我非常喜歡的一位外國畫師，我經常跑去如意館看他畫畫。

如意館

如意館位於圓明園，是清朝的西洋畫師和鐘錶工匠們工作的地方。乾隆皇帝是如意館的常客。

有不少外國人受到清朝皇帝的重用，留在宮裏擔任畫師、鐘錶設計師、建築師等。

郎世寧

意大利人，在康熙、雍正、乾隆三個時期工作了 51 年，專門為皇室畫肖像畫和全家福，他還參與了皇家園林圓明園的設計。

這一稿皇上應該會滿意！

郎世寧的西洋油畫一開始並不受寵，因為西方畫法需要在人物臉上畫陰影，但康熙皇帝覺得陰影會讓臉顯得很髒。之後，郎世寧苦學中國畫技巧，巧妙地將中西方繪畫藝術結合，受到了三朝皇帝的喜愛。

郊遊打獵也是工作

每年秋天，我都有一項特別的活動——秋獮（粵音冼）。在木蘭圍場裏，經常會有我矯健的身影。

秋獮是指每年秋天舉行的大型狩獵習武活動，會有上萬人參加，一般持續20天左右，是滿族的傳統活動。

圍場

圍起來專供皇帝、貴族打獵的場地。比較大的圍場有木蘭圍場、南苑圍場。

哨鹿是一種圍獵形式。皇帝在出營前，將侍衞分三隊依次留於哨鹿途中。有人頭戴鹿角，用木製長哨吹出仿效雄鹿的聲音，引誘雌鹿出現。

秋獮不僅是郊遊打獵，還是我暗中考察員工，和蒙古族部落培養感情的好機會。

每次秋獮，乾隆皇帝都要求官員參加，並親自率領八旗子弟打獵，講解武藝。那些荒廢騎射本領的侍衛將會被開除。

摔跤

蒙古族的一種傳統體育活動。在秋獮的最後一次宴會上，參加的蒙古族部落都會得到賞賜，他們會為大家表演蒙古族摔跤。

通過秋獮，皇帝會接見歸順的蒙古族部落，調解各部落之間的爭端。

皇帝還會賞賜蒙古王公銀兩，穩定雙方的關係，讓祖國邊疆和平安定，各民族團結統一。

一邊旅行一邊工作

去全國各地出差是一件令人開心的事。每次出差我還會帶上我的媽媽，讓她也看看美麗的江山。

皇帝中最優秀的旅行家

乾隆皇帝在位期間，到全國各地巡遊 150 多次，可以說是皇帝中最優秀的旅行家。每次出巡時，他還會帶上太后，十分有孝心。

帝王巡遊 是指皇帝為了鞏固政權，到國家的各個地方進行民情考察、觀賞遊玩等活動。每次巡遊的時間都以月計，距離遠的地方甚至需要半年。

為了不妨礙工作，我出差的時候還會帶上「移動辦公桌」，這樣就可以隨時隨地工作了。

移動辦公桌

在巡遊的過程中，皇帝需要用到筆墨紙硯。工匠們設計了一個能夠摺疊的箱子作為移動辦公桌，裏面有文具、棋具和燭台等，既可以用來工作，又可以娛樂。

祖國的每一個民族我都要認真了解。

《皇清職貢圖》

皇帝命令各地繪製少數民族風貌圖譜，同時讓宮廷畫師繪製自己接見外國使節的場景，最後統一由宮廷畫師定稿，一併成冊。這就是《皇清職貢圖》，它可以讓皇帝了解民風，更好地治理國家。

全年沒有幾天假期

作為一國之主，我時刻都要工作，甚至還要到田裏幹農活！

籍田禮

籍田禮在立春時舉行。為了表示對農業的重視，這一天皇帝需要親自耕田。

臣子在後邊跟着皇帝播撒種子。

皇帝親自耕作的土地面積是1.3畝，這也是民間「一畝三分地」說法的由來。

過年的時候我也需要工作，各種緊急文件隨時都有可能遞上來，所以我從來沒有享受過完整的假期。

報！

報！

報！

報！

但是作為一個優秀的管理者，我給員工的待遇也很不錯哦。我的員工每天只需要上半天班，其餘時間可以發展自己的愛好。

放假期間，他們會寫詩作畫，遊山玩水，帶動地方經濟。

我的工資還挺高

我每天上班也是有工資的。我的工資和私人財產都放在內庫裏面，由專門的投資管理員幫我打理。

體己銀子

是清朝皇帝的工資。乾隆皇帝每年有 60 萬兩銀子的工資，由國庫向內庫發放。

國庫

國家的錢放在國庫內，由戶部管理。

辛勤工作就會有回報！

內庫

是皇帝的私人銀行。內庫由內務府的廣儲司代為管理，幫助皇帝儲存金銀寶物，並進行投資和管理。

雖然我的「小金庫」裏有很多錢，但是也不能亂花，我的錢要花在重要的地方。

衣食住行費
皇帝及宮中所有人員的衣食住行等日常花費。

出差旅行費
乾隆皇帝曾出巡百餘次，每次的交通費、隨行人員的吃喝費用等，大部分都是他自己掏錢。

裝修建設費
乾隆皇帝出資修建了很多寺廟，雍和宮就是其中的代表之一，這也要花不少錢。

充實國庫費
內庫充足時，乾隆皇帝會給國庫大量銀子，用於軍隊支出。

休閒娛樂靠「追劇」

在紫禁城裏，我的一項特別重要的休閒娛樂活動就是「追劇」。

我們那個時候沒有電視機，每次過節，我們的晚會節目就是看戲。

暢音閣

是紫禁城最大的戲台。暢音閣一共三層，最下面一層有五口井，一口水井用來擴音，另外四口空井用來升降吊「威也」的道具，方便藝人扮演角色等。

有時候我還親自打鼓唱戲呢！

從順治皇帝到光緒皇帝，清朝的九位皇帝都是大戲迷。乾隆皇帝曾親自修改劇本，制定不同節日的劇目，甚至還設計唱腔，讓小太監去專門負責宮廷音樂和戲曲的南府學戲。

徽班進京

徽班是指由安徽人組成的戲班。乾隆八十大壽那年，徽班進京演出，這次活動被視為京劇誕生的前奏。

皇帝辦公地點多

乾清宮

明朝皇帝和部分清朝皇帝工作和居住的地方。
從雍正時期開始,皇位繼承人的名字會被寫在詔
書中,藏在乾清宮內「正大光明」匾的後面。

養心殿

小巧而緊湊的養心殿是雍正及以後皇帝
工作、生活的地方。養心殿的大廳旁有
兩扇通向後面的小門。

懋勤殿

清朝皇帝在這裏研究學問、召見大臣,
還會在這裏勾選每年的大赦名單。

香山行宮

位於北京郊外，又叫靜宜園。裏面的
勤政殿和致遠齋是皇帝辦公的場所。

熱河行宮

位於河北，又叫避暑山莊。其中的宮殿區
是皇帝避暑時的辦公休息區。

圓明園

皇家御用花園，裏面有很多西洋建築。
圓明園中也有養心殿，是仿造紫禁城
養心殿而建的。

瀋陽故宮

位於遼寧省瀋陽市。清朝前期的皇帝都
在這裏辦公、生活，遷都後用作皇帝東
巡的臨時辦公點。

皇帝穿搭指南

朝服
皇帝在參加重大典禮和祭祀活動時穿的禮服。

朝冠
分冬冠和夏冠。

朝珠
佩戴在脖子上的珍珠珠串。

披領
套在衣服外面的披肩。

袍裙
上半身是衣服，下半身是裙子。

朝帶
朝帶是黃色的，上面可以掛佩囊等裝飾物。

朝靴
穿朝服時需要搭配同色朝靴。

吉服
僅次於朝服，皇帝參加日常的吉慶典禮時候穿的衣服。

吉服冠

吉服為直身式，沒有披領。

袞服
皇帝在祈雨、祈穀的時候穿的衣服，套在所有衣服的外面。袞，粵音滾。

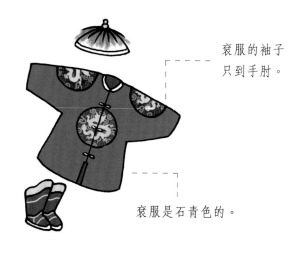

袞服的袖子只到手肘。

袞服是石青色的。

34

常服

皇帝在家上班時穿的最日常的
衣服，通常是石青色的。

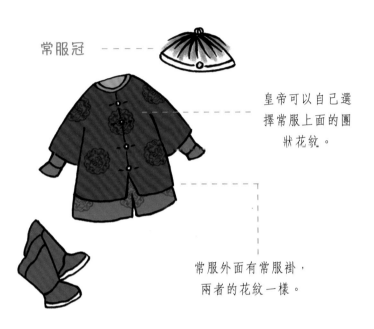

常服冠

皇帝可以自己選
擇常服上面的團
狀花紋。

常服外面有常服褂，
兩者的花紋一樣。

行服

皇帝出巡或狩獵時穿的衣服。

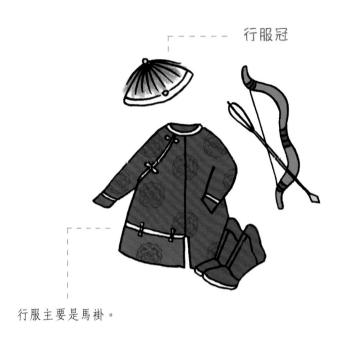

行服冠

行服主要是馬褂。

雨服

皇帝為了遮擋雨雪時所穿的衣服，
一般是明黃色的。

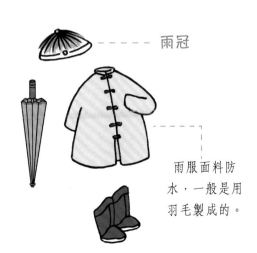

雨冠

雨服面料防
水，一般是用
羽毛製成的。

甲冑

皇帝閱兵、狩獵時穿的盔甲。冑，粵音宙。

甲的正中位置懸掛
着鋼質護心鏡。

冑
指帽子，連護耳
和護頸。